Ahora puedo...
¡Pintarme la cara!

MONTAÑA
ENCANTADA

Helen y Clive Dorman

Ahora puedo... ¡Pintarme la cara!

EVEREST

Dile hola a Hannah.
Hannah va a enseñarnos
cómo pintarse la cara.

Aquí está todo lo que
necesita para pintarse
la cara.

esponjas

pinceles

vaso de agua

pañuelos de papel

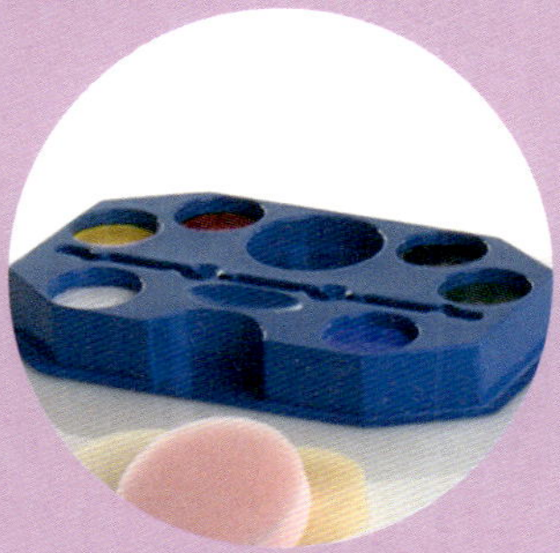

pinturas faciales

espejo

Hannah toma un pincel y lo moja en el vaso de agua.

Ha elegido pintura
facial rosa.

Hannah extiende la pintura rosa con el pincel en una de sus mejillas...

... y luego se pinta la otra mejilla con pintura naranja.

Hannah enjuaga el pincel en el agua y elige otro color.

¡Esta vez es verde y se lo extiende en la frente!

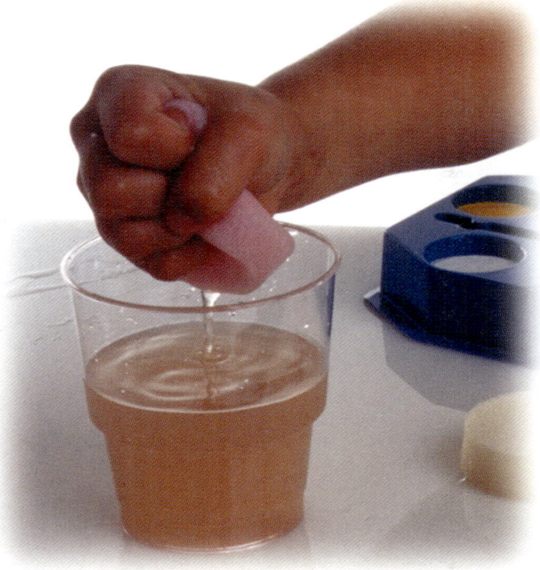

Hannah moja la esponja sumergiéndola en el agua. Aprieta la esponja. Necesita que esté húmeda, no mojada.

¿Cuál es el siguiente color que Hannah ha elegido?

Sí, ¡el amarillo!

Hannah se mira en el espejo.
¿Qué parte de la cara se va
a pintar de amarillo?

¡Exacto, la nariz!
¡A Hannah le encanta
pintarse la cara!

Lava la esponja y la escurre otra vez.

Hannah toma un pañuelo de papel.

Usa el pañuelo de papel para limpiarse las manos.

¿Para qué más podemos usar los pañuelos de papel?

Hannah utiliza el pincel de nuevo. Esta vez escoge pintura azul.

Se pinta una raya azul
en cada mejilla.

¡Hannah,
estás muy guapa!

Hannah cambia de pincel para pintarse los labios.

Comprueba que se ha pintado bien los labios de rojo.

Hannah se va a poner
un poco de brillo.
Primero en la barbilla...

... luego sobre los labios.
Después bajo el ojo derecho...
... y bajo el izquierdo.

Por último, se pone
un poco en
la frente.

Fíjate cómo
destella a
la luz.

¡Brillante!
¡Hannah puede pintarse la cara ella sola!
¡Ahora tú también puedes!

Hannah **moja** un pincel en el agua.

Elige pintura facial rosa.

Extiende la pintur en su mejilla.

Humedece la esponja.

Luego **se mira** al espejo.

A Hannah le encant **pintarse** la nariz.

Toma un pañuelo de papel.

Se **limpia** bien las manos.

Hannah **utiliza** otr pincel.

10

Hannah
e pinta los labios.

11

Finalmente **se pone** brillo en la frente.

12

Fíjate cómo **brilla** con la luz.

¡Hannah está guapísima!

13

Dirección editorial: Raquel López Varela
Coordinación editorial: Ana María García Alonso
Maquetación: Cristina A. Rejas Manzanera
Título original: *Now I can... paint my face!*
Traducción: Alberto Jiménez Rioja
Diseño de cubierta: Jesús Cruz

Carretera León-La Coruña, km 5 - LEÓN
ISBN: 84-241-8727-X
Depósito legal: LE. 1006-2004
Printed in Spain - Impreso en España
EDITORIAL EVERGRÁFICAS, S. L.
Carretera León-La Coruña, km 5
LEÓN (España)
Atención al cliente: 902 123 400
www.everest.es